Wegbegleitung

Karin Kohlmann

Wegbegleitung

Gedichte, Aphorismen und Kurzgeschichten

Bibliografische Information der Deutschen Nationalbibliothek:
Die Deutsche Nationalbibliothek verzeichnet diese Publikation
in der Deutschen Nationalbibliografie;
detaillierte bibliografische Daten sind im Internet über
http://dnb.d-nb.de abrufbar.

© 2013 Karin Kohlmann
Umschlaggestaltung unter Verwendung eines Bildes
von Julia Mara Dettmann
Satz, Umschlaggestaltung, Herstellung und Verlag:
BoD – Books on Demand

ISBN: 978-3-8482-4847-6

Inhaltsverzeichnis

Gedichte und Aphorismen

Sekundenglück

Wenn es mir gut geht, und ich Mut habe,
ist selbst der Himmel mir nah!
Ich sehe das Wolkengespiele,
empfinde die Weite
und nicht die Verlorenheit!

Wenn es mir gut geht, und ich Hoffnung habe,
bin ich innen und außen ganz warm.
Ich begegne menschlichen Wesen
mit Körper, Seele und Geist,
empfinde ihr farbiges Leben
und nicht ihr Fassadensein.

Wenn es mir gut geht, und ich mich zuwenden kann,
erfühl' ich dich als mir zärtlich nahe Person,
erspür' ich deine Begabungen,
deine mir hingehaltene Hand
und nicht meine Verletzbarkeit.

Wenn es mir gut geht, ist manchmal
ein stilles Lachen in mir;
dann gedenke ich ungern der Tage
voll bleigrauer Fesselung,
dann möcht' ich die Zeit anhalten
in diesem einzigen Augenblick
und nur noch mein Leben gestalten,
dankbar für ein Sekundenglück!

—————
1983

Keim
mit zwei
Blättern von Moos
umzärtelt dem Licht empor,
sich reckend und streckend wie
früher und immer und stets allem
zum Trotz.

_____

19. April 2002

Atempause

Der Schatten fällt,
allmählich auch das Laub,
das Licht dem Dunkel
zögernd weicht
und mit ihm
schwinden alle Farben,
die Stimmen bleiben ohne Hall
und Spuren werden schnell verweht.

Sehnsucht greift ans müde Herz –
wer lange wanderte,
bleibt nun im Haus.

Im engen Kreis
entfacht die Flamme schnell
ihr blaues Licht zu neuem Leben.

_____

November 1992

Wohin du auch gehst,
was du auch tust,
denkst und fühlst,
es begleitet dich –
lässt dich stolpern
über unsichtbare Steine,
baut wie Felsen vor dir auf,
was du nie bezwingen kannst;
doch du gehst weiter deinen Weg,
immer weiter ist das Ziel
und so wächst die Kraft
in dir für den nächsten Augenblick.

_____

2011, erste Fassung

Meine Angst,
mich dir zu zeigen,
ist die Angst vor deinem Bild,
das dir von mir zu eigen,
von der Frau, die ich nicht bin.
Wage ruhig mich anzuschauen,
sieh den abgeriss'nen Knopf,
gib mir dadurch das Vertrauen,
ganz zu sein und nicht
nur Kopf.

_____

1984

Auch wenn nach einem Riss
in deinem Leben
nichts mehr so ist
wie am Tag zuvor,
lohnt es sich zu leben.

Für Tautropfen im Morgennebel,
für Löwenzahnblüten am Wegesrand
und einen Sonnenuntergang am Meer.

—————————

Bergkristall

Weißt du noch,
wann das Leben Märchen erzählt,
spürst du ganz zart
den Zauber versponnener Stille?

Traust du dich noch
auf den Weg mit dir
über Brücken des Schweigens
und Pfade der Einsamkeit?

Verstehst du die Sprache
der murmelnden Bäche,
die unaufhörlich rinnen
von Stein zu Stein?

Dann warst du wie ich
auf dem Gipfel des Berges,
erwandertest schwer deinen Weg zu ihm.

Doch oben, frei atmend auf seiner Spitze,
zersprangen die Fesseln deiner gebundenen Seele:
frei tauchte sie ein
in das silbrige Meer sanften Vergessens,
das Raum und Zeit
aufgehoben in sich vereint.

_____

1991

Wiedergefunden!

Den Duft der Heckenrose
atme tief ich ein –
verloren war mir die Empfindung!

Der Blätter kühler Tau
streift meine Hand ganz leis' –
verloren war mir die Berührung!

So schau' ich, staune angerührt,
wie jährlich Leben wiederkehrt;
sag' ja zu dem, was zu mir führt
und sei's der Heckenrose Duft!

_____

Juni 1984

Das Leben ist,
wenn man es nicht stört,
ein Prozess der Wandlung,
des Fließens und
stets neuen Seins.

_____

1986

Ein liebes Gedicht

Morgens, wenn ich früh
aufwache, weiß ich gleich,
ja, du bist da,
und das Grau, das mich
erschreckte, als ich diesen
Himmel sah,
wurd' ganz hell
und nach 'ner Weile
unsichtbar.
Ach, wie lieb' ich diesen
Menschen, wie er liegt dort
warm und weich
und sich wohlig gähnend
räkelt, müde murmelnd:
„Gibt's denn Kaffee gleich?"

―――――――

Wenn es dunkel
und eng ist in uns,
vergessen wir leicht,
dass uns auch immer
wieder Ausblicke
gewährt werden.

_____

Du kaufst eine Pflanze
und glaubst, sie gehört dir ganz.
Du versiehst sie mit Wasser, Dünger
und dem Platz, den sie braucht.

Sie wächst in die Höhe, mehrt ihre Blätter,
sorgsame Pflege verleiht ihr dunklen Glanz.

Und plötzlich – von dir ungesteuert,
trotz Düngemittel und Insektenspray,
lässt sie hängen Blatt um Blatt,
ihr Grün wird gelb,
nach ihren eigenen Gesetzen
welkt sie still dahin ...

_____

21. Juli 1983

Erinnerungen
an die Freude von gestern
sind die Kräfte
für das Leben von heute.

_____

Wenn an dunklen Tagen
allein der Gedanke
an einen Freund
dir den Augenblick erhellt,
lohnt es sich um dich
und ihn ...

_____

Zart wie eine Blütendolde im Wind,
frisch wie ein soeben entfaltetes Blatt,
kräftig wie der Stängel, der beide trägt,
erwartungsvoll wie eine Knospe,
die sich dem Licht nur öffnet,
erlebe ich manchen Tag.

Dann frage ich nicht nach meines Daseins Sinn –
ich lebe! Das ist mir Sinn genug.

_____

1983

Es ist ein Zauber
in uns allen,
wenn wir berührt
den anderen sehen,
wenn wir einander
nahe sind und uns
von Herzen ganz
verstehen.

Dann fließen Kräfte
auf der Herzensbahn
und füllen schnell
die triste Leere,
und plötzlich leuchtet
voller Wärme das Herz,
das ohne Freude war.

_____

Es muss nicht
Gleichgültigkeit sein,
wenn ein Mensch
dein zugewandtes Lächeln
nicht erwidert.
Vielleicht hast du ihn gerade
in seinen Gedankenkreisen
unerwartet besucht.

_____

Was nützt das Fragen,
das Zweifeln und das Grübeln?
Die Angst vor morgen
nimmt es nicht;

sich recken, strecken
und bewegen
und weitermachen
einfach so,

dann fühlst du
eines klar in dir,
du atmest
und du lebst
in dieser unfassbaren Welt.

_____

05. Juni 2011

Stunden mit Freunden
sind wie Blätter
an einem Baum:
von gemeinsamer
Wurzel getragen
und der Morgensonne gewärmt.

―――――――

Single-Freude

Ach, wie leb' ich gern allein,
brauch' für niemanden zu sorgen;
steh' auf, wann ich will,
esse, was mir schmeckt,
manchmal vor dem Fernseher,
tue dies und das,
ohne mich zu rechtfertigen,
schaue aus dem Fenster
und sehe, wie die Sonne
ganz langsam und zielstrebig
die dunklen Regenwolken
beiseiteschiebt und
strahlt, strahlt, strahlt
mitten in mein Herz hinein –
und ich sitze allein am Tisch
und habe niemanden,
der diese Freude mit mir teilt.

————————————

03. Dezember 2003

In einer Krise
kann es schon
ein großer Schritt sein,
das Vertrauen zu haben
für den nächsten Augenblick.

_____

Begegnung

Begegnung, die das Leben schreibt,
ungehofft und doch ersehnt,
zeigt mich dir in neuer Weise,
lässt mich schauen deinen Weg,
will nichts als den Augenblick.
Sanftes Spüren deiner Nähe –
Tautropfen im Morgennebel,
zart und schillernd schön im Licht,
finden sich in bunten Tönen
zu gar eig'ner Harmonie.
Lasst uns trauen, neu zu malen,
dunkle Farben in das Bild!
Trauer neben Freude steht.
Ein erwachtes, großes Staunen
schaut der Wege Gabelung.

August 1988

Sich immer wieder
wie ein kleines Kind
freuen zu können,
scheint mir absolut
wichtig zu sein,
um das Leben mit Leichtigkeit zu meistern ...

_____

Stunde des Phönix'

Wenn ich dich loslasse,
wird meine Welt nicht dunkler,
aber deine hat mehr Luft
für dich zum Atmen.

Wenn ich dich loslasse,
weint das Kind in mir,
das du doch niemals trösten kannst.

Wenn ich dich festhalte,
deine Hand fest in meiner,
bedroht dich meine Nähe
und Liebe wird zur Umklammerung.

So lasse ich dich gehen, mein Freund,
vielleicht führt dein Weg von mir fort,
vielleicht wirst du frei mir gern begegnen.

Es ist alles offen,
und im Augenblick der klaren Stärke
und des Bei-mir-Seins weiß ich:
es ist gut so!

_____

1988

Lebensfreude

Plötzlich ist sie wieder da,
versiegt geglaubt oder verloren,
tröpfelnd leis' mit stiller Stärke,
und du spürst die Farben wieder,
Worte klingen wie Gesang,
und die Bilder, die geträumten,
führen blühend deine Hand.
Hier ein Schritt und dort Synkope,
Altes fremd doch neu gefügt,
all die Stürme, die dich beugten,
tragen dich durch neues Land.

———————

Vielleicht ist dieses
der wichtigste Versuch:
jeden Tag so zu leben,
als sei er ein Geschenk.

————————

Sonnenfinsternis

Der Sonne entgegen mit wehenden Fahnen
gebleichten Blickes die webende Fee,
libellengleich schwebend im Harfenklang
der Diener zartes Gespann.
Nun singt es und springt es
von Sprosse zu Sprosse
und flugs – ehe du dich versiehst –
fliegen die Netze zu Leitern verwoben,
die Erde erreichend ganz unverhofft.

Und Feuer stiebt auf in blauer Gestalt,
die Erde ächzt unter zarter Berührung,
ein Schweben und Stampfen,
Getrabe von Rossen,
ein Wecken und Walten,
ganz emsig der Hände unruhiges Tun.

Die weiße Hand, Einhalt gebietend,
lässt Seen werden zu Meeren
und Wasser überspülen das Land.

_____
November 1988

Manchmal das Gefühl
eines kleinen Kindes:
schöne Stunden einkorken
zu wollen in einer leeren
Flasche, um diese im
„Bedarfsfall" zu öffnen
und an ihrer heilenden
Essenz ein paar Atemzüge
lang zu schnuppern ...

———————

Freunde versuchen niemals
dich zu ändern.
Sie ermutigen dich,
Brücken zu bauen
zu deinem wahren Selbst ...

_____

Mitte

Leben mit anderen,
ohne sich zu verlieren;
arbeiten, ohne sich
zu verströmen.

Von Zeit zu Zeit
sich auf sich selbst besinnen
birgt die größtmögliche Chance
auf ein kraftbringendes Spüren
und Finden der eigenen Mitte.

1987

Wer allein und einsam,
entbehrt den Spiegel
für die freudige Einzigartigkeit
seines Selbst.

_____

Alltag?

Die Farben des Himmels
sonnengewärmt
nach dunkler Regennacht,
des Vogels Flug
frei in den Wolken,
des Raureifs Glanz
silbrig umhüllend
Blattwerk und Zweige;

und eine Berührung
tief in dir:
Du atmest, schaust, lebst
trotz allem Schweren
in dieser ewig jungen
schönen Welt!

―――――――――

Manchmal scheint es
leichter zu sein,
den vertrauten Weg
des Leidens weiterzugehen,
als Schritte zu wagen
auf dem unbekannten
Weg zum Glück.

———————

Träume

Weiße Boote des Träumers
in dunkler Nacht,
die Lampen erloschen,
manch Fels unerkannt.

Sie treiben von Scholle zu Scholle,
gefrierend im Eismeer
des Unerfüllten, nie Gesagten –
immer wieder aufs Neue
und brechend klirrend
in der Brandung,
um sich neu zu formen.

1987

Oft möchten wir,
wenn wir um Rat fragen,
nur ein Zuhören,
das uns selbst
den Weg finden lässt.

_____

Heute!

Heute zögere ich,
die Menschen einzuordnen
nach meinem Bild!

Heute erlebe ich
bei sorgsamem Schauen
der Menschen Vielfarbigkeit!

Heute schmerzen mich
meine Vorurteile sehr!
Wie weiß ich denn,
wie farbig du wirklich bist?

Heute begreife ich,
dass Schweigen und
Schauen ist mehr,
als tausend beschreibende
Worte es sind!

―――――――
1984

Eine Tür
kann ich schließen,
wenn ich gehen will –
ein einmal geöffnetes Herz
hat es da schwerer ...

—————

Risse

Risse in dir
und manch fallendes
Blatt des Wachstums
und der Freude
machen dich noch nicht
hoffnungslos –
es sei denn,
du beraubst dich deiner Erde!

————————————

1983/1988

Ich sagte laut in das Schweigen:
Den Lämmern zu Ostern
der Frost nicht schadet.
ANGST IST NUR
EIN ANDERES WORT
FÜR ZERSTÖRUNG:
Der Klang meiner Worte
im Dunstkreis der Leiber
– Warst du je in
Venedig, Rom oder Florenz? –
schlug mir
fremd
und
feindselig
ins Gesicht.
Es ist nicht gut,
den Wolf zu wecken,
auch nicht, wenn seine Sattheit
ihn dir als Schaf verkauft.

———————

Freundschaft
ist ein warmer Mantel
im Lebensreisegepäck.

————————

Herbstzeitlose

Wo bist du in den Tagen,
die lichtarm geboren sind,
die sich im Dunkel der Nacht splitternd zerperlen,
wenn das fein gesponnene Zauberhaar
dichter und dichter den Tau einfängt,
der Nebel die Gipfel der Berge umhüllt,
und die Wasser ihre murmelnde Sprache verlieren?

Wanderst du noch durch ein spätes Tal,
wo das Leben sich bäumt in bunten Farben,
oder lauschst du dem Rauschen des blaugrünen Waldes,
das trügerisch dir ein Verweilen verspricht?

Was träumst du in den Tagen,
die lichtarm geboren sind,
wenn das welke Laub raschelnd den Schritt umsäumt,
und die letzte Blume sich anmutig streckt,
bevor der Frost ihre Farben verlöscht?

Schau dich nicht um, du verlierst deine Spur,
in den Tagen, die lichtarm geboren sind,
da Hell und Dunkel sich sterbend verpaaren;
der Rhythmus des Lebens von fern her ertönt:
ein Anfang ohne Ende im Fluss der Gezeiten.

_____
1990

Einen geliebten Menschen
für immer zu verlieren
und doch weiterzuleben,
bedeutet auch,
den schmerzvollen Prozess
der Trauer bewusst
zu durchwandern ...

_____

Wegbegleitung

Ich kann deine Ängste
nicht tragen,
von deinem Schmerz
dich nicht befreien,
dir die Last deiner Vergangenheit
nicht nehmen,
die Trauer aus deinem Herzen
nicht verbannen,
von deiner Einsamkeit
dich nicht erlösen.

Doch gehe ich gern an deiner Seite,
reiche dir meine Hand,
damit Angst und Schmerz
dich nicht überwältigen,
gebe dir meine Achtung
und mein Versprechen,
dass nichts zu schwer sein wird,
als dass du es vor mir
nicht zeigen dürftest.

Ich bin dein Wegbegleiter
– so du magst –
und Freundschaft ist das Band,
das uns verbindet.

—————————————
November 1990

Die Zeit der Stille
unberührt,
die Wasser fließen
ihren Lauf;
verhangen hinter Wolkengrau
das Licht geborgen ist.

_____

Ich sah
deinen Schatten
gestern
für einen
kurzen Augenblick
und sofort
spürte ich,
dass ich dich
um seinetwillen
liebe,
um den Schatten,
der dich
in unvergleichlicher
Weise ergänzt ...

――――――――

Wann immer
es dir gelingt,
einen Menschen
mit deiner Lebensfreude
anzustecken,
hast du die Welt
ein wenig heller
gemacht ...

_____

Es war einmal ...

Der Erde Mantel ist zerrissen,
die Luft wird nie mehr taubenblau
und Wasser dampfen Moleküle.

Die schwarze Spinne geht auf Beute,
noch singt die Lerche klagend zwar
ihr angestrengtes Lied der Freude,
noch taucht das Milchig-Gelb des
Sonnenlichts die Augen in ein wenig Wärme,
wo Körper kalt sich nur begegnen
und Kälte nur noch Kälte schafft,
ein traurig Sehnen Kreise zieht:

Es gab einmal das Erdenkleid,
mit Blumen reich verziert,
es atmete Mensch, Tier und Pflanze
der taubenblauen Lüfte
unbemess'nen Vorrat.

————

Löwenzahn

Löwenzahn, Löwenzahn,
in deinem gelben Kleide!

Mit Blütensonnen ohne Zahl
trägst du das Licht in manchen Tag.
Die Kinder lieben dich,
du satte Butterblume.

Später dann zur Reifezeit
verwandelt sich dein gelbes Kleid
ins Silbriggrau der Pusteblume,
zur Windsbraut der vergang'nen Zeit.

Löwenzahn, Löwenzahn,
in deinem silbern Kleide!

Manchmal wär' ich gern wie du,
verwurzelt fest in mag'rer Erde
mit kräftig-frischem Lebensgrün,
und irgendwann da schwebte ich
als winzig kleiner Samenspor.
Der Wind, er trug mich hoch hinaus:
Ich schwebe, gleite grenzenlos
und bin doch nicht verloren!

Und wenn mein Flug zu Ende wär',
hielt' ich es ohne Bedauern aus.
Ich wüsste, irgendwann einmal –
die Sicherheit spür' ich in mir –
da würd' aus mir ein Wurzelwerk
mit jungem Grün und vielen Stielen.

Und dann setzt sich der Kreislauf fort
mit tausend satten Sonnen.

_____

1990

In einer Zeit,
in der Angst und Sorge
sich ausbreiten,
haben wir alle
die große Chance,
uns auf das zu besinnen,
was wirklich wesentlich ist.

————————

Begrüßt du den Tag
mit einem Lächeln,
öffnest du ihm die Tür
wie einem Freund.

————————

Teile deine Freuden,
so du kannst,
mit anderen,
und du wirst nie allein sein.

Verschließe deine Sorgen
nicht in dir,
damit kein Stein
aus ihnen wird,
der dich erdrückt.

Sei dankbar für jede Stunde,
die du frei von Sorgen
und Schmerzen verleben kannst,
denn sie ist nicht
selbstverständlich dir gegeben.

———————

1983

Wenn Tag und Nacht sich begegnen
im atemlosen Wechsel zur Stille,
die fast schon ein vergessenes Märchen ist,
hört man der Wolken verhaltenes Lied,
reich durch die Zartheit der Töne,
dem Lauschenden fast zu laut:
der Augenblick der Stille.
Vogelstimmen brechen das Schweigen;
die Sprache der Straße beginnt ihren Morgen,
Wolken ziehen dahin.

_____

... sich mit den
Kränkungen und Entbehrungen
der Vergangenheit aussöhnen
zu können, scheint ein großer
Schritt auf dem Weg zum
inneren Frieden zu sein ...

———————

Manchmal zwischen Tag und Traum
ein Schweben mich gefangen hält;
breitet seine Flügel aus, und
ich segle unbeschwert in
das Reich der Fantasie.
Streif' ein wenig Glanz und Glitter
mit den Flügeln von dem Boden,
bin allein und fern der Welt,
fange an, mich ganz zu fühlen,
in dem Land, das Leben heißt!

――――――

Verzweiflung und
Sprachlosigkeit über die
Geschehnisse unserer Zeit
entfalten oft lähmende
Kräfte.

Es liegt an uns,
uns mit unserem ganzen
Wesen gegen diese zu
wehren.

————————

Manchmal ...

Manchmal fühl' ich mich wie ein Blatt im Wind,
manchmal hilflos wie ein verlassenes Kind,
manchmal kraftvoll und stark wie ein Baum,
manchmal, als ob ich schwebe wie in einem Traum!

Manchmal schrei' ich vor Wut ganz laut,
manchmal sag' ich Dinge, die sich keiner traut,
manchmal spring' ich vor Freude umher,
manchmal wird mir der nächste Atemzug schwer ...

Manchmal will ich inmitten vieler Menschen sein,
manchmal muss ich ganz für mich alleine sein,
manchmal freu ich mich auf den nächsten Tag,
manchmal erstickt mich fast des Alltags Plag'!

Manchmal freu' ich mich an meines Lebens Sinn
und fühl' mich wohl so mittendrin!
Dann pantsche ich mit des Lebens Farben,
scheue nicht Knoten, Wirrwarr und Gewühle,
schnell verbleichen dann die alten Narben!
Ich bin ganz ich, gewichtig in des Alltags Mühle!

Dann bin ich nicht das hilflos' verlassene Kind,
doch morgen vielleicht schon wieder das Blatt im Wind?

_____
November 1983

Was mich trägt,
ist das Vertrauen
in das Leben.
Was mich wärmt,
ist die Heimat
in den Herzen
meiner Freunde.

———————

Perlen des Nichts

Füße
gehen, gehen
fast ohne Mühe
Scherben
getürmt zu glitzerndem Fels

verpackt, verknotet
der schwarze Schwan singt
auf offenem Meer ein seidiges Haar

antwortet zart zögernd
tröstend dem Licht.

_____

April 2011

Mitleid kann
den anderen kleinmachen,
Mitempfinden beantwortet
seine Sehnsucht
nach einfühlsamer Nähe.

———————

Weißt du denn, was Leben ist?

Weißt du denn, was Leben ist,
kannst du's wirklich sagen?

Weißt du denn, wie Liebe ist,
kannst du sie begreifen?

Weißt du denn, wie Kranksein ist,
ohne jede Hoffnung?

Weißt du, ob die Einsamkeit
schlimmer ist als Sterben?

Quäle dich mit Fragen nicht;
es nimmt dir nur den Atem!
Hoffe und vertraue drauf,
dass der Tag die Nacht beendet,
und du Teil sein darfst
dieser wunderbaren Welt!

_____

Juni 1984

Vielleicht ist immer wieder
der Rückzug auf das Selbst,
den eigenen Kern, notwendig,
um dem Prozess des Fließens
nicht verloren zu gehen ...

————————

Bedrängung

Das graue Tier erwindet sich
in schleimig' Kriechen seinen Platz.
Es füllt den Raum,
die Luft wird knapp,
das Licht verlöscht,
der Tanz beginnt:
schwarze Ähren wiegen sich
verführerisch in dunkler Weise;
in grauen Nebeln eingehüllt,
verborgen ist ein fremdes Land.

_____

November 1988

Zuhören,
ohne zu werten,
kann manch
verschlossene Tür
zur inneren Welt
behutsam öffnen.

———————

Erlaubnis

Ich muss keine großen Taten vollbringen,
mich anderen nicht erklären
oder vor ihnen rechtfertigen,
mich nicht verbiegen,
um anerkannt oder geliebt zu werden.
Es reicht, wenn ich ich selbst bin.

Wenn ich mir erlaube, so zu sein,
wie ich für dieses Leben gemeint bin,
bin ich echt und glaubwürdig,
und nur so können andere
mir auf dieser Ebene begegnen.

Diese Echtheit ist die Quelle meines Seins.
Aus ihr kommt meine Kraft,
die zu mir gehört wie meine Geschichte,
meine Stärken und meine Schwächen.

―――――――

Was ich dir wünsche
in diesen Zeiten
der Unsicherheit und Sorge
ist ein starkes Herz,
ein Herz, das nicht in Angst
und Verzweiflung verharrt,
sondern vertraut auf
den Fluss des Lebens.

———————

Ein Freund
wünscht nicht,
dich zu besitzen,
er neidet dir
auch nichts,
sondern freut sich
an deinem Wachstum.

_____

Mancher Weg
zeigt seine Möglichkeiten
erst nach seiner Biegung.

————————

Du fragst nach deines Lebens Sinn,
weil unbegreiflich vieles bleibt?

Schau an den Baum,
der einfach wächst an seinem Ort,
die Pflanze, die fraglos blüht
und welkt zu ihrer Zeit,
den Strauch, der scheinbar sinnlos
nach Früchten Knospen treibt!

Sie alle sind und fragen nicht.
So wird im Innern dir bewusst:

Es ist das Sein, das dich erfüllt,
und nicht das Tun
zum wohlverstand'nen Ziel!

—————
1984

Wenn du die Ketten fühlst,
die dich gefangen nehmen,
und du sagst, nicht länger
will ich
ihre Fesseln tragen, hast du
dich meist von ihnen schon befreit!

————————————

Juni 1984

C' est la vie!

Berge verstreuter Taschentücher,
Thermometer, Salbe und Pillen,
in verschwitzter Bettwäsche ein Mensch.
Mit Kopf, Augen und fiebrigen Gliedern;
die Grippe hat ihn gepackt –
die Viren sind munter am Werke.

Das Telefon klingelt, die Freunde bedauern:
„Oh, hat es dich schlimm erwischt!"
Sie würden ja gerne kommen:
„Nur, weißt du, die Termine drücken so sehr."

Der Mensch mit der Grippe die Zweisamkeit teilt,
und mittags kocht er ihr gar ein Süppchen.
Er gurgelt, inhaliert und trägt ihr zum Trotz
einen roten, schafswollenen Schal.
Die Grippe lacht laut über sein Mühen.

Und irgendwann,
als sie bereits zu seinem Leben gehörte,
verschwand sie plötzlich, wie sie gekommen,
und ließ ihn unvorbereitet als Gesunden zurück.

_____

Sommer 1988

Wenn es still ist
in mir, höre ich
die Stimmen meiner
Kindheit –
fordernd, tröstend,
beurteilend.
Sie alle gehören zu mir
und meiner Geschichte.
Ich muss sie nicht
zum Schweigen bringen,
sondern nur
mit ihnen leben.

—————

Befreit

Graue Schleier über dunklem Meer,
Sturm, der seine Beute jagt,
Gischt und Wogen ohne Zahl,
und ganz nah dem Horizont –
Möwe, die ein Boot umkreist.

Regen peitscht aus Wolkenmassen,
Himmel von geballtem Grau,
Wasser, das kein Ende hat;
dann: ein Schrei!

Für den Augenblick scheint Stille,
Stille, die begreifen lässt,
Stille, die vorüberzieht,
und im Toben der Gewalt
nur erkennbar ist das Meer.

_____

28. Oktober 1987

Wir müssen gar nicht
so viel für den anderen tun,
es genügt, wenn wir uns
von Herzen bemühen,
ihn so zu sehen,
wie er ist.

———————

Nie wieder

Plötzlich bist du so allein
unerwartet und unfassbar,
dieser Mensch, den du so liebtest,
der dir Halt gab jeden Tag,
hat für immer dich verlassen.

Deine Hand, sie greift ins Leere,
und das „Nie mehr" gewinnt Raum,
Schmerzensschreie unterdrückst du.
Trauern haben wir nicht gelernt,
und das Leben, das geht weiter,
wie banal und hohl das klingt.

Verzweifelt suchst du Trost
und du findest wenig.

Doch Erinnerungen wehen herüber,
ungefragt aus fernem Land,
und trocknen irgendwann einmal
auch deine ungeweinten Tränen.

_____

03. Dezember 2003

Wenn du dir
die Berührbarkeit
deines Herzens bewahrst,
wirst du Schmerz
und Traurigkeit, Angst
und Sorge erleben,
jedoch auch immer wieder
die unglaubliche Kraft
der Lebensfreude.

———————

Ode an mein blaues Boot

Verweile, oh, verweile nur,
mein blaues Boot von mir geleitet,
verweile auf der Sonnenbahn.

Der Wellen wirbelige Kreise
durchziehst du stark und stolz
und in dem lauen Sommerwind
scheint aufgehoben, was sonst schwer
und an die Erde zu stark bindet;
mein blaues Boot verweile.

Und plötzlich treibst du federleicht,
das Ruder legt' ich aus der Hand,
hinaus mit mir auf's freie Meer;
ich treibe, Boot, ich treibe.

Und hinter sanft geschloss'nen Augen
eröffnet durch ein güld'nes Tor
ein staunend Schauen mir das Herz:
Getragen bin ich ganz in dir!
Verweile, Boot, verweile.

_____

November 1988

Ärger, Wut und
Unverstandensein
zerstören eine Freundschaft nicht –
darüber zu schweigen,
kann für immer
sie vergiften.

——————

Wenn ich aufhöre zu hoffen,
wird die Lebendigkeit
in mir versiegen,
mein Wesenskern
keine Nahrung mehr erhalten,
die Wärme meines Herzens gefrieren,
und vor allem werde ich
das Vertrauen zu der
göttlichen Kraft in mir,
die mich geben, lieben und gestalten lässt,
verlieren.

———————

Plötzlich kommt
ein Mensch
in meinen Lebenskreis:
spricht, schaut,
lacht, hört zu,
und ich habe
das Gefühl, schon ewig
auf gerade diesen
Menschen gewartet
zu haben ...

―――――――――

Wir treffen auf unserer
Lebensreise immer wieder
auf einen Menschen,
der uns hilft,
unsere Verletzungen zu
verstehen und diese heilend
zu berühren.

_____

Selbstverständlich

Wer sagt denn, dass wir ein Recht haben
auf ein Leben in Harmonie,
auf Gesundheit oder gar Glück
und auf einen lieben Menschen
an unserer Seite?

Ist es nicht schon viel:
zu atmen, zu schauen,
zu gehen, zu schweigen,
zu sprechen
und immer wieder
ein Gegenüber zu finden?

_____

November 1986

Manche Menschen
beschenken uns
allein mit ihrer
Gegenwart.

_____

Je älter ich werde,
desto mehr kann
ich zulassen, dass
deine und meine
Wahrheit gleichwertig
nebeneinander stehen.
Mit dir befreundet
zu sein, bedeutet,
mich mit deiner
Wahrheit vertraut
zu machen.

———————

Sich um den anderen
zu sorgen,
bedeutet nicht,
seine Schritte beeinflussen
zu dürfen ...

_____

Sonnenstrahlen
am Abend
gesammelt, gereiht
auf hinterem Seil
die Tänzerin knickst

Atem angehalten
Lächeln tanzt
um die Wette
frühen Mücken
die Tänzerin schwebt
auf letztem
Abendsonnenstrahl
tief vergessen
das dunkle Tal

_____

April 2011

Ich kann eine Pflanze, ein Tier,
einen Menschen nur ganz erfassen
mit allen meinen Sinnen,
wenn ich frei bin von zudeckender
Bedrücktheit, Trauer und Lebensunlust.

Ich erlebe Begegnungen erst als solche –
Körper, Geist und Seele
gleichermaßen erreichend –,
wenn ich offen für diese bin.

Diese Offenheit kann ich mir nicht
vornehmen, genauso wenig wie
menschliche Begegnungen, die mich
im Kern meines Wesens berühren.

Dafür, dass mir beides immer wieder
geschieht, dafür bin ich dankbar!

——————
1988

Suchmeldung

Ich bin ein altes Kind
mit einer Riesensehnsucht
nach Spiel und Freude

und wo bist du?

_____

Geborgen

Der Tag in Nebel eingehüllt,
verbirgt noch wartend sein Gesicht,
ein erstes Blatt fällt vom Baum,
die feuchte Kühle zieht durchs Moor,
und Stille herrscht in Raum und Zeit.

Der frühe Schein der matten Sonne
durchbricht den kalten Atemzug –
und plötzlich Leben
mit ihm eig'ner Melodie!

Die Nebel weichen zögernd zwar
und langsam zwischen Tag und Traum,
gezeichnet wie von Kinderhand,
und auch nur für den Augenblick,
wird sichtbar und zum Greifen nah:
ein Streifen hell am Horizont!

_____

November 1987

In dem Herzen
eines Menschen,
der das Leben liebt,
ist Platz für viele.

——————

Trennung

Ich geh allein den Weg der Trauer,
der ungeweinten Tränen und Verzweiflung.
Die Silbermöwe zieht gleich mir
einsame Kreise über dunklem Wasser.

Du gingst fort aus meinem Leben
behenden Schrittes und erleichtert.
Der Herbst, er wird zum Frühling dir ...

Im Gefängnis meiner quälenden Gedanken
wird grausam wahr und mir bewusst:
Dein Schatten bleibt
und mit ihm die Erinnerung;

ein Splittermosaik von Träumen,
wo dunkle Ahnung mich erfüllt:
begreifen werde ich es nie!

_____
24. Oktober 1984

Es ist so einfach
und doch so schwer zugleich,
zu verzeihen und
das Herz freizumachen
für das Fließen
von Liebe ...

_____

Vielleicht ist Glück
auch die Fähigkeit,
die Gegebenheiten
der inneren und
äußeren Welt anzunehmen ...

_____

Mein anderes Selbst

Ich bin nicht mehr mein Körper,
er verfällt von Tag zu Tag,
mehr als ich ertragen kann.
In ihm wohnt und arbeitet
mein stiller Feind, der Krebs.

Die Töchter sagen: Du musst kämpfen,
weitermachen, positiv denken, nur ein
kleines Wunder, Mama!
Und ich lächle müde, kämpfen für
ein bisschen mehr an Lebenszeit, ein
paar Tage oder Wochen, niemand weiß
es ganz genau. Und dafür eine
Chemotherapie nach der anderen, die
mir fast die Sinne raubt.

Ich vermisse meine Haare. Sie
waren schön und machten aus
meinem Kopf erst mein Gesicht.
Manchmal schau' ich ganz verstohlen
auf den Glatzkopf, den ich habe,
und erschrecke ganz zutiefst. Aus
einem Totenschädel schauen mich
meine Augen an.

Die Freunde sagen: Du bist so tapfer.
Und ich lächle müde. Bin ich tapfer?
Nein, ich glaube nicht. Es gibt
nur eine Alternative, die ich noch
nicht will, vor der ich mich zu Tode fürchte: den Tod.

Ich bin nicht mehr mein Körper,
aber noch bin ich mein Verstand
und meine Seele. Meine Stimme
ist klar und verstehbar kräftig.
Noch kann ich denken, fühlen, hören,
sehen und sprechen.

Noch lebe ich!

Und ihr, die ihr an meiner Seite
seid, müsst tapfer sein,
denn ich kann euch euren Schmerz
nicht wegtrösten.

Denkt an Schönes, das wir hatten,
unsere Nähe, welch ein Reichtum!
Nehmt aus dieser Freude Kraft
für die Zeit des langen Abschieds.

_____
18. Dezember 2011

Engel, komm an meine Seite,
leuchte mir das Dunkel hell.

Engel, sei an meiner Seite,
trag die Schmerzen für 'ne Weile.

Engel, sei an meiner Seite,
gib mir Kraft für diesen Weg,
und ich werde dankbar sein.

Engel, sei an meiner Seite,
nimm die Angst ganz schnell von mir,
mir ist sie zu schwer geworden.

Engel, schenk mir doch ein neues Leben,
und ich versprech's dir in die Hand,
vieles würd' ich wirklich ändern: auf mich
achten und auf meine Grenzen,
doch auch vieles bliebe gleich: meine
Kinder sehr zu lieben, meinen Freunden
nahe sein.

Ach, du Engel in der Ferne, eingehüllt im Nirgendwo,
bist du da, wenn ich dich brauche,
kann ich auf dein Sein vertrauen?
Oder bleib ich doch allein
auf dem schwersten
Weg des Lebens,
auf dem Weg ohn'
Wiederkehr?

_____
24. Dezember 2011

Kurzgeschichten

Labyrinth

Eigentlich war es verrückt. Verrückt, dass sie seit Jahren dort immer wieder standen. Über den Mülltonnen. Auf der Mauer. Kleine Möbelstücke, exklusive Vasen, auch ein holzgeschnitztes Schachspiel, das er für seinen Enkel aufhob.

Anfangs konnte er es gar nicht glauben, dass dort Dinge lagen, die man einfach so nehmen durfte. Doch dann entdeckte er diese feinen, sauberen, grünblauen Schriftzüge auf weißem Papier „zu verschenken".

Zuerst schlug sein Herz laut und unruhig, wenn er etwas von diesen Zu-verschenken-Sachen nahm, so als würde er etwas Unrechtes tun. Dann brachte er seine Beute in seine Wohnung und betastete sie immer wieder mit seinen Fingern. Nein, dieser zierliche Blumenhocker aus Nussbaum, nicht wurmstichig, mit filigraner Maserung – nicht einmal ein Kratzer. Unfassbar. Jetzt gehörte er ihm.

Dann lag wochenlang nichts auf der Mauer über den Mülltonnen. Er hatte sich seine Gedanken gemacht. Wer sortierte so wunderschöne wertvolle Gegenstände aus seinem Leben aus? Wer verschenkte diese nicht an seine Freunde, verkaufte sie nicht auf dem Flohmarkt? Was war der Anlass, so zu handeln? Krankheit, das nahende Ende des Lebens oder womöglich wirklich auch anderen, die weniger hatten, aus der Fülle etwas abzugeben?

Sein Interesse war geweckt, vielleicht sogar ein neugieriges Interesse? Er war an sich kein neugieriger Mensch. Klatsch und Tratsch verachtete er und versuchte, die Berührung damit zu vermeiden, wo er nur konnte. Besonders im Treppenhaus. Oft hörte er schon die wispernden Stimmen seiner Nachbarinnen, wenn er die Haustür öffnete. Auch seinen Namen hörte er manchmal. Ging er jedoch auf sie zu, die ununterbrochen redenden Frauen, und grüßte sie, verstummte das Gespräch. Oft hatte er das Gefühl, im falschen Haus zu wohnen, oder doch zumindest zusammen mit den falschen Menschen.

Die Nachbarn direkt unter ihm nannte er nur die Prolls, asoziale, intelligenzlose, ungebildete Wesen. Er würde nie vergessen, wie der Nachbar eines Tages Sturm bei ihm klingelte und sich dann durch die leicht geöffnete Tür in seinen Flur schob. Er drängte ihn mit seinem massigen Körper fast bis ans Ende des Flurs. Dann pöbelte er los. Was ihm denn einfiele? Es liefe Wasser von seinem Balkon und tropfe auf seine Solarlampen, die wiederum Spritzer abgaben und ihn beim Zeitungslesen störten.

Er wusste nicht mehr, was er erwidert hatte. Das ekelhafte Geschrei des Mannes dröhnte in seinen Ohren. Endlos. Doch musste er irgendwann versprochen haben, den Missstand mit dem Wasser zu beseitigen. Auf dem Balkon tropfte es aus seinem frisch gewaschenen neuen Wollpullover. Wasser in dünnen Rinnsalen ins Abflussrohr.

Seine Tochter hatte ihm den Pullover geschenkt und ihn ermahnt: „Den darfst du nur im Liegen trocknen, Papa. Nicht auswringen, nicht schleudern, nur auf Handtüchern im Liegen."

Das hatte er nun davon. Von dem neuen Pullover, der so schön wärmte. Er legte ihn dann auf seinen ausziehbaren Wäscheständer im Bad. Auch okay, dachte er und fühlte sich dennoch gemaßregelt. Wie früher, wenn seine Mutter ihn durch Geschrei und Schläge zu erziehen glaubte und nichts als Kränkung und Demütigung in ihm zurückblieb.

Fühlte er sich einsam in diesem Haus? Einsam, nein, das eigentlich nicht, jedoch fremd und unverstanden. Allein der Begriff „Mitmenschen" quälte ihn manchmal, und als diese musste er seine Nachbarn doch einordnen. Was machte ihre Mitmenscheneigenschaften aus? Nur, weil sie den gleichen Hauseingang benutzten und den gleichen Flur, die Briefkästen nebeneinander hingen und man eine Wohnung mit Balkon im selben Haus hatte, waren sie deshalb seine Mitmenschen?

Nachbarn – okay, aber Mitmenschen mochte er sie nicht nennen. Es stieg manchmal ein Gefühl der Übelkeit in ihm hoch, wenn er an den Plastiktürkränzen und den Fußmatten mit „Welcome" vorbeiging. Im Winter posierte dann der kletternde Weihnachtsmann am Balkongeländer und die Weihnachtsbeleuchtung wurde hochgefahren.

Heute fand er am frühen Morgen CDs auf der Mauer. Hörbücher, sechs an der Zahl. So gut wie neu. Rilke, Handke und Anna Seghers, von der er nicht mehr wusste als ihren Namen. Offensichtlich alles beste Literatur! Er nahm sie vorsichtig in die Hand und trug sie nach oben. Ein Schatz! Er hatte einen Schatz gefunden!

Schon von klein auf liebte er es, wenn ihm jemand vorlas. Nicht einfach den Text abspulte, sondern mit Betonung Sinn gebend. Dann schloss er die Augen und meinte, Musik zu hören, eine Musik, die Bilder malt. Er hatte es noch nie jemandem erzählt. Oft sah er Bilder vor sich, die sich fragmentartig nach und nach zusammensetzten, wenn Sprache tief berührte.

Und nun dies: Rilke, Handke, Seghers. Er würde Zeit brauchen. Zeit für ein kleines Literaturfest. Nur die Autoren, ihre Texte und er – und vielleicht seine Bilder, die ihn all das hautnah erleben ließen, was die Autoren sich ausgedacht hatten. Er war unglaublich aufgeregt. Wieder beschäftigte ihn die Frage, wer dieser Mensch sein könnte, der sich von so viel Wertvollem trennte und es einfach verschenkte. Dass er die ganze Zeit lächelte, bemerkte er irgendwann. Er fühlte sich frei und fast beschwingt wie lange nicht mehr.

---

02. Mai 2010

Fluguntauglich im Sperrgebiet

Er duckte sich. Unerwartet vor einem Mückenschwarm. Auffällig: die riesigen dunklen Hinterleiber. Sie näherten sich ihm, und er schlug mit den Armen kreuzweise durch die Luft nach ihnen. Es war viel zu früh für einen Mückenschwarm. Anfang April.

Raureif hatte den Strand mit feinsten Kristallen überzogen. Frost lag in der Luft, und er begann zu frieren – an Kopf und Rücken.

Aber jetzt umkehren, jetzt schon, wo das Atmen anfing, selbstverständlicher zu werden ... Es war eine absurde Idee und dennoch absolut richtig, allein um 6:00 Uhr früh den Strand entlangzugehen.

Es war dieses Blut in der Toilettenschüssel, das ihn aus dem Haus getrieben hatte. Ein Becken voll von hellrotem Blut. Wie er sich angezogen, das Auto genommen und hierhergekommen war, er wusste es nicht mehr...

Automatisch musste er hierher gefahren sein, an den Ort, den Jan und er immer ihren Kraftort nannten. Dieses kleine Stück Strand, das so unberührt aussah, an dem die Wellen ruhiger als irgendwo sonst ihr Wasser an den Strand spülten.

Da waren sie wieder, die schwarzen Hinterleiber. Sie umschwirrten ihn ohne einen einzigen Laut, schwarz, bedrohlich, es waren unzählig viele. Er begann zu laufen und um sich zu schlagen. Mühsam kam er voran. Die Mücken blieben zurück.

Plötzlich hielt er inne. Sein Fuß war an etwas gestoßen. Weich und fest zugleich. Ein verendeter Vogel – eine Ente.

Er zwang sich, genau hinzusehen. Eine Begegnung mit dem Tod. In der Frühe eines kalten Morgens. Es war eine Eiderente. Sie schien unverletzt.

Er versuchte, seine Schuhe im Salzwasser zu reinigen. Immer und immer wieder, bis das kalte Wasser in sie eindrang. Er wollte fort und ging doch immer wieder hin, um die tote Ente anzusehen. Inzwischen hatte er Zweifel. War das Blut in der Toilettenschüssel wirklich da gewesen, oder hatte er nur davon geträumt?

Es wurde allmählich heller und das „Frischauflied" seiner Jugend kam ihm in den Sinn: „Und die Morgenfrühe, das ist unsere Zeit ..." Unsere Zeit wofür? Sie hatten sich das damals nicht gefragt. Hatte er sich das jemals gefragt? Und wenn er sich die Frage jetzt stellte: Wofür war dies seine Zeit? Hatte sie einen Sinn?

Er fror zunehmend. Es war Zeit, umzukehren, doch seine Füße waren wie kalte schwere Bleiklumpen.

Alles hat seine Zeit, also war er nur Schachfigur, alles geschah ihm ohne sein Zutun und er hatte nur zu reagieren? Mit dem Leben zurechtkommen, hatte seine Mutter immer gesagt.

Es musste doch ein Traum gewesen sein. Ein Albtraum. Das viele Blut in der Toilettenschüssel. Plötzlich musste er lachen. Erst nur leise, als traute sich das Lachen nicht aus ihm heraus, und dann immer lauter.

Das Sperrgebiet, so hatten Jan und er diesen Ort auch genannt zu Zeiten der Vogelgrippe. Riesige Schilder waren bereits am Ortseingang aufgestellt gewesen. Sperrgebiet! Es machte anfänglich ein Gefühl, als könne man auf Tretminen stoßen ...

Im folgenden Jahr waren die Schilder verschwunden,

nur ab und an stieß man wie in den Jahren zuvor auf einen verendeten Vogel.

Er konnte gar nicht aufhören zu lachen. Das Zwerchfell schmerzte bereits, die Atmung wurde eng und die trockene Kehle würde ihn unweigerlich zu einem Hustenanfall zwingen.

Plötzlich ein Schrei. Ein Schrei, der ihm die Tränen in die Augen trieb und das Lachen, dieses unstillbare Lachen, beendete.

Er musste zum Auto gehen – ohne Verzögerung. Sonst würde er eine Lungenentzündung bekommen. Aber er hatte keinen Antrieb, spürte keinerlei Impuls, seine Füße und seinen Körper in die richtige Richtung zu lenken.

_____

April 2010

Der Tag

Eigentlich begann der Tag wie immer. Sie zog mühsam gebeugt ihre Kompressionsstrümpfe über ihre geschwollenen Beine. Dann kochte sie Kamillentee. Es war schwül in diesen Junitagen. Immer wieder musste sie daran denken: „Bei dieser Hitze sterben die Alten wie die Fliegen." Das hatte ihr Arzt vor Jahren gesagt. Damals hatte sie ihm zu Gefallen gelacht. Heute kam dieser Satz wieder und wieder in ihre Gedanken. Sie verschüttete etwas Kamillentee auf den fleckigen Teppich und nahm auf ihrem blauen Sofa Platz. Wärmflasche vergessen. Der Rücken, der am Morgen oft ihr Gehen blockierte, brauchte die Wärme – auch an diesem Morgen.

Alles war wie immer und doch erschien ihr dieser Tag irgendwie anders. Schon spürte sie sie wieder – diese Spannung, die ihren Puls beschleunigte und ihre Atmung anzuhalten drohte. Sie ging ans Fenster. Alles wie immer. Gleißend heiße Sonne, die das Gras verbrannte. Die Straße – menschenleer. Sie trat auf den Balkon und taumelte zurück. Für diese Hitze war sie nicht gemacht. Die Gardinen zog sie zu und hoffte auf ein wenig Kühle. Jeder Atemzug war Arbeit. Wie ein enger werdender Metallring legte sich Angst um ihren Hals.

Nervös zählte sie bis 89 – einmal vorwärts, die Hände in den Schoß gelegt, und dann rückwärts bis auf null. Mit geschlossenen Augen. Danach war sie etwas ruhiger. Dieses Sich-ruhig-Zählen hatte sie sich vor vier Monaten angewöhnt. Damals war sie zum ersten Mal von dieser gestaltlosen Unruhe erfasst worden, dieser Angst, die zur Panik wurde und sie aus ihrer Wohnung trieb. Vorher hatte sie wie immer alle Herdplatten kontrolliert. Null,

null, null, null hatte sie gezählt, einmal null für jede ausgestellte Herdplatte. Sie war ganz sicher, dass sie alle Platten ausgestellt und das auch genau kontrolliert hatte.

Doch dann hatte später der Hausmeister die Tür aufgebrochen, die Feuermelder hatten geschrillt und alle Platten waren durchgeglüht. Sie standen auf sechs. Alle. Die Versicherung hatte einen nicht enden wollenden Schriftverkehr mit ihr geführt und die Kinder sprachen von schönen Heimen mit guter Betreuung. Erst vorsichtig und dann absolut deutlich.

Das Kochen hatte sie daraufhin aufgegeben. Der kalte Herd machte ihr keine Angst mehr. Sie hatte sich sogar ein wenig mit ihm ausgesöhnt. Und eine Tischdecke auf ihm ausgebreitet, nachdem er repariert worden war.

Sie beschloss, hinauszugehen. Null, null, null, null, murmelte sie, einmal null für jede ausgestellte Herdplatte. Im Treppenhaus war es angenehm kühl. Zigarettenrauch und der Geruch von angebratenem Rindfleisch vermischten sich.

Früher hatte sie gern gekocht – für die Familie. Beim 10385. Mittagessen hatte sie aufgehört zu zählen. Kochen und Wäschewaschen hatte sie gemocht und noch jahrelang die Wäsche für die Töchter gewaschen und gebügelt, als diese längst aus dem Haus waren. Sie war keine gute Mutter gewesen. Nicht fähig, Halt zu geben und Vertrauen in das Leben.

Auf dem letzten Treppenabsatz hielt sie inne. Der Kampfhund kläffte so furchterregend, dass sie auf Zehenspitzen die letzten Treppenstufen herunterschlich. Sie hatte nie begriffen, was die Nachbarn an diesem Hund fanden. Er war stiernackig, aggressiv und laut. Aber vielleicht war es gerade das.

Draußen brannte die Luft wie feurige Nadelstiche auf ihrer Haut. Sie hätte sich eincremen und einen Sonnenhut mitnehmen sollen. Doch noch einmal die Treppen? Nein!

In welche Richtung sie gehen sollte, schien sie nicht selbst zu bestimmen. Als wäre ein Seil an ihr befestigt, mit dem jemand sie unaufhörlich weiterzog, ging sie, einen Fuß vor den anderen setzend, tastend voran. Wer führte sie? Wohin sollte sie gehen?

Niemand war auf der Straße. Heute hätte sie ihre Angst überwunden und jemanden angesprochen. Einfach nur angesprochen und vielleicht wäre das Seil dann von ihr abgefallen …

Sie war ganz allein in der unerträglichen Sonne dieses 30. Junis.

Der Christusdorn

Zu den wenigen Blumen auf ihrer Fensterbank hatte Iris eine enge Beziehung, und sie ertappte sich immer wieder dabei, dass sie das Gedeihen einer Pflanze oder ihren schlechten Zustand mit ihrem Leben verknüpfte.

Seit einiger Zeit schienen immer mehr Dinge in ihrem Leben ohne ihr Zutun eine eigene Bedeutung zu entwickeln. Deshalb untersagte sie sich regelmäßig, ein kleines „t" so zu schreiben, dass es aussah wie ein schwarzes Grabkreuz. Das hätte Unheilvolles, wenn nicht gar den Tod für sie oder jemanden in ihrer Familie bedeutet. Und wenn das „t" doch einmal wie ein Kreuz geraten war, holte sie sofort weiße Tinte und übermalte es kräftig. Nach dem Trocknen schrieb sie dann ein „t" in der Schulschreibschrift der ersten Klasse darüber, mit deutlichem Auf- und Abstrich. Noch mal gut gegangen. Aufatmen. Doch der dumpfe Schmerz in der Herzgegend blieb noch längere Zeit.

Oft passierte es im Unterricht, dass ihr in allzu viel Eile das „t" falsch, das heißt bedrohlich geriet. Sie ließ dann zunehmend mehr das „t" weg aus den Wörtern, die sie an die Tafel schrieb und machte für die Schüler ein Spiel daraus. Wer die schönsten „t"s in die Lücken einsetzte, bekam weniger Hausaufgaben.

Doch dann kränkelte plötzlich ihr Christusdorn. Ausgerechnet der Christusdorn mit seinem symbolträchtigen Namen. Er warf zunächst nur einige der gelben Blätter ab, deren Verfärbung sie schon länger mit Besorgnis registriert hatte.

Was konnte sie tun? Sie fügte einen kleinen Spritzer des teuren Flüssigdüngers dem Wasser hinzu und tropfte vorsichtig ein wenig davon auf die braune Erde. Dass sie dabei inständig die Pflanze ermahnte: „Du musst es schaffen. Streng dich an. Gib alles", fiel ihr gar nicht auf. Anschließend prüfte sie die Position der Pflanze auf der Fensterbank. Bekam der Christusdorn genügend Licht, aber nicht zu viel Sonnenwärme? Iris rückte ihn mehr nach links, prüfte den Einfallswinkel der Sonnenstrahlen und war beruhigt. So war es besser. So würde die Pflanze sich erholen.

Nun konnte sie sich entspannen. Heute wollte sie mal wieder ausgiebig duschen, sich eincremen und ein gutes Buch lesen. Nachdem sie bereits den Pullover über den Kopf gezogen hatte, klingelte es an ihrer Tür. Iris spähte durch den Spion. Da stand Frau Budro, ihre rechte Etagennachbarin. Sie war sehr blass und starrte mit weit aufgerissenen Augen auf die Tür. Iris zog den Pullover zurecht und öffnete. Kaum, dass Frau Budro sie erblickte, brach diese in ein unhaltbares Weinen aus, das nur von heftigen Schluchzern unterbrochen wurde. Dazwischen rief sie mit abgepresster Stimme: „Er ist tot. Mein Mann ist tot."

Iris spürte unmittelbar und so stark wie nie zuvor diesen dumpfen Schmerz in der Herzgegend, der seit Monaten immer wieder auftrat.

Frau Budro zog sie am Arm, so heftig, dass Iris stolperte. „Sie müssen mitkommen. Ich kann nicht alleine auf den Bestatter warten. Nicht mit meinem toten Mann allein."

Fast automatisch setzte ihr Körper Beine und Füße, während ihr Rücken stocksteif blieb. Frau Budro zog sie ins Schlafzimmer. „Da liegt er. Er ist tot! Er hat vorhin noch sein Feierabendbier getrunken."

Iris spürte, wie sich der Speichel in ihrem Mund sammelte und Übelkeit in ihr hochstieg. Sie löste ihren Arm fast mit Gewalt aus Frau Budros Umklammerung und zog diese mit ins Wohnzimmer. Sie sprach ruhig und tröstend auf Frau Budro ein und bat sie, sich auf das lederne Sofa mit seinen leicht verrutschten Schondecken zu setzen. Dann machte sie einen Kräutertee und füllte eine Wärmflasche mit warmem Wasser. Beides holte sie schnell aus ihrer Wohnung. Eine Wolldecke ließ sich in dem geordneten Haushalt von Frau Budro leicht finden. So umhüllt und gewärmt verringerte sich Frau Budros Zittern.

Nun wählte Iris die Nummer von Frau Budros Sohn und übergab ihr den Hörer. Mit einem Aufschrei, der wie ein Sägemesser durch Iris Körper fuhr, teilte Frau Budro ihrem Sohn das Unfassbare mit. Dann gab sie den Hörer wieder an Iris zurück.

Ja, der Sohn würde so schnell wie möglich kommen. Noch vor dem Bestatter, wenn möglich. Sie möge aber doch dableiben und seine Mutter beruhigen. Iris sagte „Herzliches Beileid" oder eine ähnliche Floskel, deren Förmlichkeit sie immer verabscheut hatte. Dann setzte sie sich zu Frau Budro, legte den Arm um sie und wiegte sie wie früher ihre kleinen Kinder. Automatisch und in altem Singsang. Sie war sich nachher nicht mehr sicher, ob sie „Heile, heile Gänschen" gesungen hatte. Frau Budro wurde ruhiger. Sie stand auf, rückte Brille und Vase auf dem Couchtisch zurecht und ordnete die zerstreuten Zeitungen. Dann ging sie auf Zehenspitzen zur Schlafzimmertür, schaute hinein und schloss sie.

Endlich klingelte es. Der Bestatter und auch Sohn Budro waren da. Iris eilte aus der Wohnung. Sie wusch und bürstete ihre Hände minutenlang. Dann ging sie zur Fensterbank, nahm den kränkelnden Christusdorn und warf ihn samt Topf in den Müll.

———————

Birkenallee

Natürlich hätte Agnes heute Morgen nicht so lange lesen dürfen. Nicht an diesem Morgen. Es war in letzter Zeit öfter, dass sie nicht in Gang kam, Stunden im Nachthemd auf dem Sofa verbrachte, ohne wirklich wach zu werden. Und dann dieses Buch: Die Wand. Nicht aktuell, aber faszinierend. Es war bereits das zweite Exemplar. Das erste hatte sie verliehen, verkauft oder verschenkt, deshalb hatte sie es sich nachkaufen müssen.

Seit Jahren hatte Agnes nicht mehr gelesen und zeitweilig hatte sie das Gefühl, etwas in ihr bräuchte keine Buchstaben, die zu Wörtern wurden und sie mit Gedanken konfrontierten, die sie nicht wollte. Nicht zusätzlich. So hatte es sich ergeben, dass sie nur las, wenn sie auf der Toilette saß. Dort lagen dann meist zwei alte Bücher, die sie, egal, welche Seite sie aufschlug, auswendig kannte. Keine Weltliteratur, nicht einmal spannend, ihr jedoch bis ins Kleinste vertraut. Es war so, als bräuchte sie diese Vertrautheit, als gehörte sie dadurch auch nur für Minuten zu einer Welt, die konkret und begreifbar war. Wenn Besuch kam, was selten der Fall war, räumte Agnes die Bücher fort.

Und nun dieser Morgen. Es stand einiges an und sie hatte sich verlesen. Die Frau in der Wand hatte keinen Namen. Sie erlebte unglaubliche Dinge. Sie war total allein in einer irrealen Welt und doch von einer unbeschreiblichen Kraft.

Agnes kämmte sich automatisch die kurzen dunklen Haare, benutzte den zu hellen Lippenstift und zog ihre Schuhe an. Schuhe zum Schnüren, die ihr erlaubten, die

Weite zu regulieren und damit den Schmerz zu mildern, den ihr die Schwellungen an den Füßen zeitweilig machten. Dann den Wintermantel angezogen und sie ging los. Sie spürte schon im Treppenhaus, dass etwas anders in ihr war. Eine Freundin sagte in solchen Situationen meist: „Ich kann es dir nicht sagen, aber seit gestern ist irgendetwas anders in mir." Meist sprach sie dann stundenlang darüber.

Auf der Straße suchte Agnes' Blick ihren grauen Honda. Wo hatte sie ihn abgestellt? Dieser Nebel in ihren Gedanken … Manchmal quälend. Auch die Tasse Kaffee hatte nichts daran verändert.

Ihr Nachbar Heinz Krumrey grüßte. Er kam auf sie zu. Gleich würde er sie ansprechen. Fragen, ob sie ihr Auto suchte. Dann würde Agnes ihn schnell auf seine Mutter ansprechen. Diese war ins Pflegeheim gekommen. Hals über Kopf, wie Krumrey sagte. Und keinen Tag älter als sie. Ja, man muss jederzeit damit rechnen, sagte er dann immer und drohte ihr dabei beinahe schelmisch mit dem Zeigefinger.

Agnes ging eiligen Schrittes nach rechts, den Weg an den Reihenhäusern entlang. Da stand er ja, der gute alte, wenngleich für sie etwas zu große Wagen. Gleich zu Beginn gab Agnes sich Anweisungen. Gurt anlegen, in den Spiegel schauen, Rückwärtsgang, blinken, prüfen, ob du rausfahren kannst aus dieser engen Lücke. Es klappte. Rechts blinken, absichern, einbiegen in die Vorfahrtsstraße und nur fahren, nichts anderes denken, ermahnte sich Agnes. Nur fahren!

Sie war nie eine gute Fahrerin gewesen, war immer irgendwie mit großer Anstrengung und Anspannung gefahren. An Nebeltagen in ihrem Kopf vermied sie das Fahren. Sie wollte nichts riskieren. Keinen Fehler machen. Nicht schuldig werden. Heute musste sie fahren. Ein Arzttermin, den sie schon dreimal verschoben hatte, stand an.

Der lange Winter hatte riesige Schlaglöcher im Straßenbelag hinterlassen. Das Fahren war dadurch noch anstrengender. Für Agnes. Sie vermied es, so gut sie konnte, durch die Schlaglöcher zu fahren. Eine größere Autoreparatur war finanziell undenkbar. Jetzt fuhr sie durch die schmale Seitenstraße, die gesäumt war von kleinen Birken und die ihr immer ein bisschen das Gefühl vorgaukelte, in der Natur zu sein.

Aufpassen. Guck nach vorne. Zähflüssiger Verkehr quälte sich durch die kleine Straße. Schlaglöcher vermeiden ging nicht mehr. Kein Platz zum Ausweichen. Agnes überlegte, dass sie mal wieder ins Sauerland fahren müsste. Die Allee zum Berleburger Schloss. Birkenumsäumt. Selbst mit kahlen Zweigen ein wunderbarer Weg. Zum Wandern und Träumen.

Und dann: Es war nicht zu fassen! Ihr Wagen rollte schneller, als sie bremsen konnte, auf das Fahrzeug vor ihr zu. Agnes schloss für eine Sekunde die Augen. Da war auch schon der Knall. Aussteigen. Sich stellen. Reden, entschuldigen, klären. Kosten. Alles spulte blitzschnell in Agnes ab. Und dann dieses Auto. Schwarz. Glänzend. Groß. Neu. Mit unbekanntem goldenem Emblem auf der Kofferhaube. Ein gut gekleideter Mann – ihre Freundin würde „Herr" sagen – stieg aus. „Oh, das dürfte meine neue Anhängerkupplung gewesen sein", sagte er.

Agnes stellte sich vor, begann sich ungeschickt zu entschuldigen. Redete mehr, als ihr guttat. Klar, man, also sie, würde das regeln. Klar, hätte sie die Kosten zu übernehmen. Man verständigte sich darauf, dass Robert Behrend – so hieß der Mann – seinen Wagen in seiner Vertragswerkstatt vorstellen und sie dann anrufen würde, um ihr die Kosten mitzuteilen. Je länger Robert Behrend sprach – Agnes liebte wohltönende Stimmen in den eher tiefen Tonlagen –, desto ruhiger wurde sie. Sie hatte plötzlich den absurden Wunsch, ihn auf einen Kaffee einzuladen, diesen „Herrn" mit seinen leuchtend blauen Augen und seiner wunderbaren Stimme. Es gab immer mal wieder Stimmen, die Agnes als besonders angenehm empfand. Aber eine wie diese, die sie ruhig machte und gleichzeitig etwas in ihr zum Klingen brachte, hatte sie noch nie gehört. Sie strich sich nervös durch die kurzen Haare. Krampfhaft suchte Agnes dann nach neuen Gesprächsinhalten, fragte nach dem Fabrikat des Wagens und wie alt dieser sei und ob Robert Behrend verreisen wolle.

Er antwortete lächelnd, geduldig und ohne jeden Vorwurf. Er sah sie an. Er sprach mit ihr. Mit dieser wunderbaren Stimme. Er lächelte. Dieses ganz besondere Lächeln, das nur von innen kommt. Abends würde er sie anrufen.

––––––––––

Besuch bei der Mutter

„Ja, komm nur, wenn das Wetter schön ist. Wir wollen im Garten sitzen." Den Einwand der Tochter, es ginge doch um ein Wiedersehen – und in Gedanken fügte sie hinzu, um einen Kontakt und Gespräche –, wischte die Mutter beinahe barsch vom Tisch. „Nur bei gutem Wetter und sonst gar nicht", sagte sie und setzte nicht ganz logisch hinzu: „Du kommst sowieso so selten."

Autobahn A 7, Abfahrt Hamburg-Fuhlsbüttel. Im Gepäck das schlechte Gewissen. Kein Gastgeschenk, keine Idee für irgendetwas Besonderes, das der Mutter gefallen könnte. Ankommen mit leeren Händen. Früher hatte die Mutter fast jedes Mal die Geschenke der Tochter zurückgewiesen. Sie waren irgendwie immer verkehrt, falsche Spiegel für Mutters Persönlichkeit. Als Neunjährige hatte die Tochter einmal drei Tage lang gebettelt, die Mutter möge doch ihre Geschenke annehmen, die sie ihr gekauft hatte. Sie hatte eine ganze Woche lang Blaubeeren gesammelt, diese für 80 Pfennig das Pfund verkauft und war so auf die unglaubliche Summe von 24,- DM gekommen. Am Abend waren ihre Hände blaurot vom Saft der kleinen Beeren gewesen, obwohl sie sehr sorgsam vermieden hatte, diese beim Abpflücken zu zerquetschen. Die Händler nahmen nur reife, aber nicht überreife und schon gar keine gequetschten Beeren. Die Blätter, die beim Pflücken in den Korb fielen, wurden durch eine „Wirbelmaschine" herausgefiltert. Sie spürte noch heute die Angst um ihre Beeren, wenn der Händler diese in die Maschine geschüttet hatte.

Neben ihr der Großvater. Sehr nah bei ihr. Sie roch seinen süßlich-bitteren Körper. Der Priem fiel ihm beim

Sprechen beinah aus dem Mund und legte seine braunen Zahnstumpen frei. Wie so oft kratzte er sich an seinen Armen, die von Schuppenflechten bedeckt waren. Die weißen Hautschuppen fielen auf ihren nackten Fuß. Sie schüttelte sie ab und trat zur Seite. Der Großvater war sofort wieder ganz nah bei ihr. Er umarmte sie fest und wimmerte ihr mit heißem Atem „Mein Lorchen, mein Lorchen, du weißt schon" ins Ohr.

Ja, sie wusste, und es war mehr, als ihr lieb war. Sie wusste, dass dieser Großvater immer, auch im Sommer, doppelte lange Hosen trug. Sie wusste, dass sein ganzer Körper mit Schuppenflechte bedeckt war, ein weißer Greisenkörper, schlecht riechend, aber es hatte sich wie ein Ritual eingebürgert, wenn sie alleine waren ... Und sie wusste, dass es Unrecht war ...

Die Geschenke, um deren Annahme sie die Mutter gebeten hatte, waren zwei weiße Laken, eine kleine Flasche Kölnisch Wasser und eine Packung Juno gewesen. Nachher war ihr nicht klar, was die Mutter am meisten geärgert hatte. Ihre Unkenntnis, dass Kölnisch Wasser, das die Großmutter so gern auf ihren dicken Busen träufelte, auf keinen Fall ein angemessener Duft für diese Mutter war, oder ob es die durchgeschnittene fünfte Zigarette war. Vater und Mutter sollten genau gleich viel rauchen können.

Die Mutter schleuderte die Flasche auf den Boden. Sie zerbrach und es roch tagelang nach Kölnisch Wasser, was die Mutter nur noch zorniger machte. Die Zigaretten zerknickte sie mit ihren wohlgeformten Fingern und warf sie der Tochter an den Kopf. Die Laken waren zu dünn. Sie wurden später als Putzlappen benutzt.

Die Fahrt verlief schneller als sonst. Kein Stau auf der Autobahn, kaum Lkws. Fast wären ihr die Augen zugefallen. Jetzt die 30-Kilometer-Zone, das gepflegte Wohngebiet, in dem das Doppelhaus der Mutter stand. Die Eltern hatten es gekauft, als beide bereits um die 60 waren. Mutter und Vater hatten für das Haus gelebt – gemeinsam für das Haus. Da stand es nun. Vorn ein kleiner liebevoll gestalteter Vorgarten. In der Haustür die Mutter. Blass sah sie aus, kleiner geworden und irgendwie trotz ihrer straffen Haltung zerbrechlich. Die Begrüßung kurz. Sachlich. Ein Händeschütteln fast ohne Berührung.

Dann eilte die Mutter in die Küche. Wie meist gab es Schweinefilet, Pilze, grüne Bohnen und Pellkartoffeln. Die Tochter stand unschlüssig herum. Helfen war nicht erlaubt, Tischdecken ja. Gespräche während des Kochens störten. Sie ging auf die Terrasse. Die Farbvielfalt schien sie fast zu erdrücken. So viele Blumen in Töpfen, Beeten, am Haus und in Ampeln unter der Markise und alles blühte. Die Mutter hatte doch weniger Pflanzen nehmen wollen dieses Jahr, aber es schienen mehr zu sein als je zuvor.

Vor sechs Monaten – es war der erste Weihnachtstag – war die Mutter ins Krankenhaus gekommen, mit Notarzt und Rettungswagen. Seit Wochen litt sie unter einer schweren Bronchitis mit zunehmender Atemnot.

Die Tochter hatte immer wieder versucht, der Mutter zum Arztbesuch zu raten. Spröde und abweisend hatte diese reagiert. Einmal sogar abrupt das Telefonat beendet. „Ich habe doch meine Mittel", hatte sie energisch gesagt. Gemeint war das Trinken von Urin und von Kräutern in Alkohol nach Maria Treben. Und dann: „Kümmere dich um dein eigenes Leben. Da hast du viel zu tun." Diese Worte konnte die Mutter nur noch unter dauerndem Husten und mit zunehmender Atemnot hervorbringen.

Es war zwar nicht sonnig, aber doch warm genug, dass die Tochter den Tisch auf der Terrasse decken konnte. Dann setzte sie sich und wartete. Meist dauerte es eine kleine Ewigkeit, bis das Essen fertig war. Die Mutter aß wieder ihre Miniportion – 58 kg war ihr Gewicht, kein Gramm mehr, und die Tochter nahm, wie immer, zu viel. Sie lobte das Filet, die Zartheit der Bohnen, die kleinen in Butter gedünsteten Pilze.

Die Mutter sprach wenig. Ab und an stand sie auf und knipste eine verwelkte Blüte ab, erzählte von verbesserten Standorten für diese oder jene Pflanze und dass der Nachbar zur Linken immer noch seine Bäume nicht beschnitten hatte. Diese nahmen den Hortensien an der Seite zu viel Licht.

Nach dem Essen die Mittagspause. Vorher wusch die Mutter ab. Die Tochter durfte das Geschirr abtrocknen. Das war erlaubt. An die richtigen Plätze stellte es die Mutter. Später.

Zur Mittagspause hatte sich die Tochter früher in das Dachgeschoss, das „Studio", zurückgezogen. Die Eltern ließen es vor sieben Jahren ausbauen. Sie hatten immer Pläne für das Haus, vorne ein Glasdach beim Eingang, eine Vergrößerung der Terrasse, eine teure Markise, das Studio. Bei den Plänen waren sich die Eltern einig. Der Vater kalkulierte die Kosten und die Mutter führte die Pläne durch. Vieles machte sie selbst. Sie konnte Fliesen legen, streichen und alte Möbel restaurieren. Natürlich nähte sie auch ihre Gardinen und bezog die Polster mit farblich auf den neuen Teppich abgestimmten Stoff.

Aber eine wahre Meisterin war sie in der Gestaltung ihres Gartens. Ohne Hilfe legte sie alle Beete so an, dass von Anfang März bis in den November hinein immer irgendeine Pflanze blühte. Der Garten war eine einzigartige Komposition aus Farben, Leben und Harmonie. Nicht, dass die Mutter eine Naturfreundin gewesen wäre oder viel über die einzelnen Pflanzen gewusst hätte. Nie hatte sie einen Plan gemacht für ihren Garten, und dennoch war er wunderschön. Von Jahr zu Jahr schien er an Schönheit und Ausstrahlung zuzunehmen, so sehr, dass es der Tochter manchmal wehtat.

Es war schon sehr vertraut, dass der Vater nicht mehr da war. Erschreckend vertraut und irgendwie erleichternd. Vor fünf Jahren war er an Lungenembolie gestorben, an einem strahlend schönen Sommertag. In Wirklichkeit hatten sein jahrelanger Alkoholmissbrauch und eine zerstörte Leber sein Leben beendet.

Irritierend ruhig war es im Haus. Früher schallten Vaters Beschimpfungen durch die Räume. Die Tochter bot eine ideale Angriffsfläche für seine Aggressivität. Sie war geschieden, verdiente wenig, die Kinder machten Probleme, und sie wurde immer dicker. Kurz: Sie war der Ausdruck eines erfolglosen Lebens.

Später hatte die Tochter angefangen zu verstehen, dass die Beschimpfungen des Vaters auch seinem unglücklichen Leben gegolten haben konnten. An seinem Sterbebett hatte sie, als er sich nicht mehr wehren konnte, gesagt: „Du hast mir in meinem Leben sehr geschadet." Und dann hatte sie vor Entsetzen über ihre Worte schnell hinzugesetzt: „Lieber Gott, wenn es dich gibt, nimm ihn an, meinen Vater." Die Mutter hatte das Sterbezimmer für eine Weile verlassen. Natürlich hatte sie regelmäßig Vaters Lippen und den geöffneten Mund mit dem bereitgestellten Wasserstäbchen sorgfältig befeuchtet. Das Stöhnen seines zusammengekrümmten alten Körpers, der Gestank abgegangenen Kots, der blaue Himmel und eine Strahlesonne bildeten eine unerträgliche Mischung.

Sie, die Tochter, hatte dafür gesorgt, dass der Vater alle zwei Stunden Morphiumspritzen bekam. Morphium lindert Schmerzen, aber erschwert die Atmung und führt zu einem schnelleren Tod. Hatte der Vater Schmerzen? Konnte sie das wirklich sagen? War das Stöhnen vielleicht auch nur Ausdruck seines qualvollen Sterbeprozesses?

Monatelang, nein, eigentlich bis heute hatte die Tochter das Gefühl, den Vater umgebracht zu haben. Sie empfand Schuld, aber keine Trauer. Auch bei der Beerdigung blieb sie völlig unbeteiligt. Lediglich der Kranz aus gelben Sonnenblumen mit der Schärpe „Von Tim" rührte sie an. Warum, konnte sie nicht sagen. Mit ihrer Erstarrtheit war es so weit gegangen, dass sie einen Termin bei einer Trauerberaterin machte. Dort berichtete sie von jahrzehntelangen Hasstiraden ihres Vaters, aber auch von seiner finanziellen Großzügigkeit und seinem Sterbetag. Die feingliedrige Beraterin entließ sie mit den Worten: „Auch Arschlöcher sterben." Und: „Sie müssen keine Trauer von sich verlangen." Danach schämte sie sich ein bisschen, aber es ging ihr besser. Arschloch, durfte man das über einen Toten sagen? Und, noch schlimmer, durfte ihr das guttun?

Um 15:30 Uhr kam die Mutter in lindgrünem Twinset mit eleganter Hose und dezentem Schmuck die Treppe herunter. Das war Ritual. Nachmittags wurde die vormittägliche Arbeitskleidung abgelegt. Beim Kaffeetrinken sprach die Mutter etwas mehr. Manchmal sogar über Persönliches. Meist aber über die Tages-Weltpolitik. Dieses Thema konnte sich schon mal über eine Stunde hinziehen. Die Tochter fragte nach Kontakten der Mutter und Ergebnissen ärztlicher Untersuchungen. Sie sprach über ihre Unterrichtstätigkeit, die ihr ein notwendiges Beibrot einbrachte und ihr Leben bereicherte.

„Du hättest früher mehr arbeiten sollen, dann hättest du dieses jetzt nicht mehr nötig", so der lakonische Kommentar der Mutter dazu.

Wie immer bot die Tochter an, Gras- und Gartenabfälle mitzunehmen. Sie schüttete diese dann in die Biotonne ihrer Hausgemeinschaft. Das tat sie sehr ungern. Es war nicht in Ordnung. Doch die Mutter freute sich sehr darüber, Kosten für die Müllsäcke zu sparen.

„Du bleibst doch nicht zum Abendbrot?", fragte die Mutter und setzte hinzu: „Ich habe dir eine Packung Fleischsalat mitgebracht."

Die Tochter blieb. Abendbrot auf der Terrasse. Die Nachbarskatze kam. Die Mutter entzückt. Munter. Viele kleine Katzengeschichten wusste sie zu erzählen, und dass die Katze wohl nicht genügend Futter bekam. Die Mutter hatte das Teuerste besorgt.

Abschied am Auto. Zum Abschied umarmte die Tochter die Mutter immer und küsste sie auf die Wange. Die Grünabfälle waren im Kofferraum. Lange winkte die Tochter noch aus dem Auto. Klein und irgendwie sehr blass blieb die Mutter zurück.

Es war doch ein schöner Tag gewesen bei der Mutter – kein Streit, nur im Garten gesessen und gutes Essen.

Allzu bald würde die Tochter nicht zur Mutter fahren. Vielleicht aber in sechs Wochen ...

2011

Muttertag

Natürlich. Niemand hatte versprochen, dass das Leben Glück bedeutete. Sven hatte das auch nie erwartet. Oder doch? So ein kleines bisschen – nur ab und zu einen kleinen Abglanz dessen zu erleben, was für andere Menschen normal zu sein schien: einen festen Arbeitsplatz, eine Partnerin oder Freunde, denen er etwas bedeutete – oder eine Familie, das war seit Jahren sein sehnlichster Wunsch.

Sven besaß als freier Journalist – bei dem Wort „frei" kräuselten sich immer seine Stimmbänder – nichts von alledem. Wenn er einmal zu seiner Mutter darüber sprach, sagte er immer: „Mein ganzes Leben ist eine einzige Unsicherheit."

Sie machte jedes Mal ein so tragisch-verzweifeltes Gesicht, das er es fast bereute, das gesagt zu haben. Meist murmelte sie fast tonlos: „Ach, Sven, ich wünschte, ich könnte ..." Ziemlich abrupt fragte sie dann, ob er noch eine Tasse Tee wolle oder ob sie ein paar Frikadellen für ihn ausfrieren solle.

Schließlich blieb er meist noch eine Weile bei ihr sitzen, auf dem blauen Sofa, das auf Mutters Stammplatz bereits verdächtig eingesunken war. Er konnte sich an seine Mutter als schlanke junge Frau überhaupt nicht mehr erinnern. Aber es gab diese Fotos von der schlanken jungen Frau mit dem hübschen Gesicht und den wachen Augen, die irgendwie zu strahlen schienen. Heute wog seine Mutter statt der damaligen 58 Kilo das Doppelte, hatte ein aufgedunsenes Gesicht, einen überdimensionalen Bauch, Diabetes und zerstörte Kniegelenke. Ihre blaugrauen Augen konnte sie nur noch einen Spalt öffnen.

Sein Großvater hatte schon vor Jahren zu ihr gesagt: „Du solltest Blindengeld beantragen." Diese Äußerung war an sich schon lieblos und gemein. Sie gewann allerdings noch an Brisanz, da der Großvater selbst jahrelang fett und schwabbelig gewesen war, bis seine Leberinsuffizienz ihn abmagern ließ. Er war Alkoholiker. Das war die Mutter nicht. Sie trank keinen Tropfen Alkohol. Betrunkene Menschen waren ihr ein Gräuel. Aber sie aß. Sie aß aus Sorgen. Aus Angst. Aus Verzweiflung. Aus Depression. Aus Gefühlen des Gekränkt- und Verletztseins. Aus Einsamkeit. Ja, und auch aus Langeweile.

Letzteres nahm Sven ihr sehr übel. Jahrelang hatte er diese „Du musst ..."- oder „Du solltest..."- bis hin zu „Besser wäre es für dich ..."-Gespräche geführt. Anfänglich hatte die Mutter noch zugehört, und er hatte das Gefühl, etwas bewirken zu können. Doch später hatte er erkannt, dass die Mutter diese Ermahn-Ratschläge-Gespräche allenfalls erduldete oder manchmal als liebevolle Zuwendung entgegennahm.

Das alles ging durch seinen Kopf, während ihm die Mutter gedünstete Apfelstückchen auf ein Stück zuckerfreien Mürbeteigkeks schichtete. Eilig hatte sie Sahne mit Süßstoff für ihn aufgeschlagen, und mit einer Prise Zimt ergab alles ein wunderbares Tortenstück, das nur die Mutter so für ihn herzurichten verstand.

Er hatte Lebensmittelunverträglichkeiten, die ihn in seiner Ernährung und Lebensfreude stark einschränkten. Die Augen der Mutter ruhten auf ihm. Sicherlich aufmerksam. Sicherlich liebevoll, aber sicherlich auch unglaublich kontrollierend. Er beeilte sich zu versichern, wie gut ihm der Kuchen schmecke und wie wunderbar es sei, dass die Mutter diesen für seinen unverhofften Besuch bereitgehalten habe.

Plötzlich schüttelte ein unerwarteter Hustenreiz seinen Körper. Nach Luft ringend deutete er auf den trockenen Mürbeteigkeks, dessen Teile in seinem Hals zu tausendfachen Krümeln, die er nicht schlucken konnte, geworden waren. Schließlich erbrach er den Brei von gedünsteten Apfelstücken mit Zimtsahne – er konnte es nicht verhindern – auf die frisch gebügelte Kaffeedecke der Mutter. Diese klopfte immer noch seinen Rücken, als es schon lange vorbei war.

Er stand auf, schüttelte das Erbrochene vorsichtig von der Tischdecke in die Toilette. Dann weichte er die Tischdecke in einer kleinen Schüssel ein und kehrte zur Mutter zurück. Sie war aufgestanden, lief unruhig hin und her und sagte: „Mein Hase, mein Hase, wie hast du mich erschreckt." Die Mutter sprach es immer mit Doppel-A und langem H aus.

Wie er das hasste, dieses „mein Hase", diesen Kosenamen, den die Mutter trotz seiner deutlich gezeigten Ablehnung immer wieder für ihn benutzte. Er hatte jedes Mal das Gefühl, er würde missbraucht, wenn sie „mein Hase" sagte, missbraucht zu einer Zärtlichkeit, die ihm Übelkeit erzeugte.

Er riss seine Jacke von der Garderobe, ergriff seinen Beutel mit Schmutzwäsche, den er für die Mutter zum Waschen mitgenommen hatte, und eilte grußlos zur Tür. „Sonntag rechne nicht mit mir", rief er noch.

Die Mutter eilte ihm scheu hinterher, er war schon im Treppenhaus. Die Worte der Mutter „Ich werde versuchen, weniger zu essen" hörte er schon nicht mehr. Geglaubt hätte er sie ohnehin nicht.

2010

Späte Ernte

Nein, ich hatte Anna nicht wiedererkannt und Bertram schon gar nicht. Ich wanderte auf dem schmalen Steg zwischen dem Binnensee und der Ostsee meinem Lieblingsplatz entgegen. Vor der kleinen Bank aus ausgewaschenem Buchenholz ein Paar. So um die Siebzig vielleicht. Die Frau sprach mich an. Unvermutet eindringlich: „Schauen Sie, sieht das hier nicht aus wie eine japanische Landschaft? Das müssen Sie sich ansehen." Mein Blick streifte die Landschaft. Doch mehr als diese sah ich die braunen Augen der Frau. Ihre Augen, ihre Stimme, ihre Art sich zu bewegen … „Wir kennen uns doch", riefen wir gleichzeitig. „Du bist Anna", sagte ich erstaunt.

„Und du Barbara", erwiderte sie.

Anna, wie lange war es her, dass wir einander gesehen hatten. Eine Ewigkeit von mehr als dreißig Jahren! Anna, die Feingliedrige, war weißgrau geworden. Ihre Bewegungen wirkten wie in Zeitlupe und nur mit großer Mühe ausgeführt. Vor dreißig Jahren hatte sie in der kleinen Stadt am Meer für Aufregung gesorgt. Ihr Mann Bertram, damals ein mehr als gut aussehender Sport- und Mathelehrer, hatte ein Verhältnis mit seiner Kollegin Ruth begonnen. Das war schon unerhört damals. In der Kleinstadt. In der jeder den anderen kannte. Doch brisant wurde alles erst richtig, als die übersensible Anna mit Siggi, Ruths Mann, schlief.

Damals war ich zwar naiv, unerfahren und unglücklich in meiner Ehe. Doch eines wusste ich ganz genau: Ich würde nie wie die Spießbürger des Ortes Anna verurteilen. Mir war aufgefallen, dass alle schlecht über

Anna sprachen. Niemand tat das über Bertram, Ruth oder Siggi.

Anna hatte schon immer etwas ganz Besonderes an sich, etwas, was ich nie ergründen konnte. Ich besuchte sie gern. Jedes Mal voller Erwartungen. Oft dachte ich: Ich muss zu Anna gehen. Sie wird eine Antwort auf meine Fragen wissen. Anna kochte dann einen Tee aus selbst gesammelten Früchten und Blättern. Sie füllte ihn sorgsam in die erdbraunen Keramikschalen, in denen sich der Kandis sehr bald knisternd auflöste. Oft rückte sie eine Vase mit wohlgeordneten Blütenzweigen oder im Herbst eine wunderschöne Holzschale mit Früchten aus dem Garten in unser Blickfeld. Lange konnte Anna dann in Betrachtung versunken sein. Anfänglich dachte ich noch, ich müsste irgendetwas sagen und das Schweigen durchbrechen. Doch je länger Anna schwieg, desto mehr verschwand meine Anspannung. Es schien absolut richtig zu sein, hier mit Anna zu sitzen, mit ihr zu schweigen und Tee zu trinken.

Nach langer, langer Zeit sah Anna mich an. „Es geht dir nicht gut. Es ist dein Mann, nicht wahr?", fragte sie.

„Ja", brauste ich auf. „Er versteht mich nicht. Er ist wie ein Holzkl…"

Anna legte sanft ihren Zeigefinger auf meinen Mund. „Ich weiß", sagte sie leise. „Du liebst nicht genug."

Als ich protestieren wollte, stand sie auf. Der Besuch war beendet. Wir umarmten uns. Anna verschwand fast in meinen Armen – sanft und doch mit Nachdruck wand sie sich schnell heraus. Dann ein verträumter Blick. Als sähe sie etwas in der Ferne, was sie magisch anzog. „Ich muss das Essen richten, Bertram kommt gleich." Ihre Stimme kam von weit her. Sie schaute mich nicht an und ging langsamen Schrittes in die Küche.

Ich verließ ihr Haus. Nach dem Besuch war ich irritiert. Aber auch irgendwie verärgert. Aber wie meist blieb auch Faszination. „Du liebst nicht genug." Dieser Satz begleitete mich.

Ich weiß gar nicht, warum der Kontakt zu Anna abgerissen war. War es mein immer chaotischeres Leben, das die Besuche bei Anna nicht mehr ertrug? Anna besuchte mich nie. Sie empfing nur Besuch, den jedoch zu jeder Zeit.

So nach und nach kamen Fetzen der Erinnerung in mir hoch. Ich war nach Lübeck gezogen mit meiner Familie. Hatte ich mich damals von Anna verabschiedet? Ich glaube nicht. Anna hatte einmal gesagt: „Ich schreibe nicht. Ich telefoniere nicht. Der Mensch muss bei mir sein, wenn er Kontakt mit mir haben will." So war Anna. Und nun stand sie neben mir mit Bertram, ihrem Mann. Sie waren also doch zusammengeblieben. Die beiden Eheausbrecher. Ein immer stärker werdender Schmerz in meiner Herzgegend. Ja, ich hatte sie vermisst, ohne es zu wissen. Nie hatte ich einen Menschen getroffen, der Annas Wesen auch nur ähnelte.

Plötzlich sprach sie plattdeutsch auf mich ein. Erzählte von dem Resthof, den sie und ihr Mann vor ein paar Jahren gekauft und in harter Arbeit wohnlich gemacht hatten, von ihrem egoistischen Sohn, für den sie alles getan hatte und der sie nie ihre Enkelkinder sehen ließ …

„Du liebst nicht genug." Ihre Worte von damals kamen mir wieder in den Sinn. Aber passten sie zu Anna? Ich sprach etwas hölzern und zögernd von eigenen Anteilen, wenn die Eltern-Kind-Beziehung nicht klappt.

Anna wechselte ins Hochdeutsch. „Komm uns doch mal besuchen. Der Hof liegt direkt an der Straße, dort, wo König Wilhelm auf den Binnensee schaute. Wir trinken dann einen Tee."

Ich versprach keinen Besuch. Vielleicht würde ich schreiben. Annas Blick ging in die Ferne. Sie wirkte müde. Bertram führte sie zu der kleinen Holzbank. Er lächelte mir zu. Nur mit den Augen. Anna sah mir nicht nach.

2010

Und eins und zwei und eins und zwei ...

Heute ist Mutters 86. Geburtstag. Schnee seit gestern. Eis-
glätte. Fahre erst zu Krilau, der Kultbäckerei. Nein, keine
Torte, mein Magen verträgt sie nicht; Mutzenmandeln viel-
leicht, aber nur ganz frisch, sagt M.

Seit dreieinhalb Wochen ist M. im Pflegeheim, Kurz-
zeitpflege mit Option auf länger. Das Heim hatte nur 2,8
in der Pflegenote, im Essen erstaunliche 1,0 und vor allem
ein freies Einzelappartement.

Gegen mulmige Gefühle half gar nichts, und mulmig
war mir, als ich M.s Übersiedlung ins Pflegeheim mit der
Heimleiterin absprach. Früher hätte M. lieber den Tod
gewählt. Vor dem Unfall, der ihr das nahm, was ihr am
wichtigsten war: ihre Autonomie.

Rosen habe ich doch gekauft, gefüllte, orangegelb leuch-
tend wie die Westerland aus ihrem Garten, und ein Alpen-
veilchen und ein Adventsgesteck und weiße Papiersterne
am Silberband. Abends sagt M.: „Die Blumen habe ich
nicht gebraucht, aber vielleicht war's für dich so schöner."

Wann immer ich in dieses Heim komme, trifft mein
Blick auf grau gekleidete, grau behaarte alte Männer und
Frauen auf grau gemusterten Stühlen. Sie scheinen mich
zu sehen und auch wieder nicht ...

Sie sind das personifizierte Warten. Die ersten Tage
glaubte ich, sie warteten auf die nächste Mahlzeit, weil
ich zur Mittagszeit kam. Heute weiß ich, dass sie auf et-
was anderes warten und vielleicht doch hoffen, ihm zu
entgehen: dem Tod.

Bei den Gehrunden auf dem Flur des Pflegebereichs 3
ein Stutzen. Auf dem Teewagen vor dem Stationszimmer

ein Bild mit Trauerflor und ein Text: „Wir trauern um Erika Wiedemann, die am 27.11. gestorben ist." Dazu eine aufgeschlagene Bibel, eine Christrose mit Tannenzweig und eine Kerze.

Mutter sieht es nicht. Sie zählt: „Und eins und zwei und eins und zwei ...", um in der Konzentration des regelmäßigen Setzens ihrer Füße zu bleiben.

Dass dieses Zählen fast jedes Mal ihr unerwünschtes Humpeln verstärkt, sage ich heute nicht. Sie hat Geburtstag und Erika Wiedemann ist verstorben. Natürlich hat das miteinander so viel zu tun wie Montag und Fischsuppe. Oder doch ein bisschen mehr. Sie teilten denselben Flur, dasselbe Pflegepersonal und vielleicht dieselbe Tristesse.

Ertappe mich beim Gedanken: Vielleicht ist es ja die Lautleserin gewesen, deren Stimme Stunde um Stunde aus dem Aufenthaltsraum monoton, aber doch mit Lautstärke zu hören war und die M. dadurch qualvoll peinigte. Ich höre ihre Stimme nicht mehr. Aber sitzt sie nicht im Aufenthaltsraum, nur ohne Buch? Vor Scham wage ich nicht genau hinzusehen. Ich fühle mich schlecht und übel ist mir auch.

Kurz vorm abendlichen Abschied. M.s Augen werden unruhig, ihre Wangen glühen. Der Blutdruck ist wieder 187:95 und der Puls unregelmäßig. Bloß kein Vorhofflimmern heute Abend. Aber den Kuchen von Krilau hat sie doch gegessen, sogar mit einem Riesenberg Sahne. Außerdem hatte sie eine alte Plastiktüte vorbereitet für ein Stück Kuchen für den nächsten Tag.

Schnell zum Aufenthaltsraum. Wasser kochen. M. verträgt das kalte Wasser nicht und mischt es immer mit

abgekochtem. Ein lautes „Hallo, hallo, wo sind Sie denn?",
schallt mir entgegen. Es ist Frau B. Sie ist dement. Dicht
an den Tisch geschoben sitzt sie wie jeden Tag in ihrem
Rollstuhl, die Haare frisch frisiert. Sie ruft: „Kommen
Sie doch mal!"

Ich gehe zu ihr. Sie bittet mich, ihr vollkommen ver-
flecktes Lätzchen frisch zu falten und es auf ihre Hände
zu legen. Als es dort liegt, fragt sie: „Und was bekommen
Sie dafür?"

„Das gehört Ihnen, das kostet nichts", antworte ich.

„Ach so", sagt sie scheinbar erleichtert und deutet auf
ihr dunkelrotes Getränk im Glas: „Was ist das? Probieren
Sie mal!"

„Nein, das mache ich nicht", sage ich bestimmt, aber
freundlich. Da stößt Frau B. das Glas weg, sein künstlich
roter Inhalt, der wie Blut aussieht, fließt heraus und tropft
auf den Boden.

Das Wasser kocht. Ich kann wieder zu M. gehen. Zwan-
zig Hallo-Rufe, die unterbrochen werden von *„Omaaaa"*
und *„Hiiiiiiilfe"* begleiten mich.

Ich reiße das Fenster auf in M.s Zimmer. Ja, sie sitzt in
ihrer warmen Lederjacke auf dem Bett. Es zieht nicht.
Ich muss Luft schnappen. Werde heute noch Berge von
Apfelkompott kochen. Mit Zimt. Duftend und saftig,
dann die Kloschüssel und das Waschbecken putzen und
einfach nichts mehr denken und fühlen – und für Paul
die kleinen Päckchen für den Adventskalender packen!
Ja, das werde ich!

_____

2011

Der Verband ist blau – den nehme ich nicht

Ich sage meinen Zahnarzttermin ab. Muss M. zum Orthopäden begleiten. Habe wieder den Krankentransport durch Levytrans bestellt. Teuer, aber verlässlich! Warte mit M. im Vorraum der Einrichtung. Levytrans ist weit und breit nicht zu sehen. In wenigen Minuten ist der Termin beim Orthopäden passé. Renne ins Stationszimmer. Bitte um Anruf bei Levytrans und beim Orthopäden. Habe die Telefonnummern nicht dabei. Zu Hause liegen lassen, weil ich vertraute auf die Verlässlichkeit. Im Stationszimmer gibt es nur eine zerfledderte acht Jahre alte Telefonschwarte, in der die gewünschten Nummern nicht drinstehen. Laufe in den Pflegebereich 5, vier Treppen höher. Die schmerzenden Knie sind egal. M. wartet, bekommt schon wieder unregelmäßigen Puls.

Frau Babs regelt alles in übergroßer Freundlichkeit und bleckt dabei ihre Zähne mit einem Lächeln, das von Ohr zu Ohr geht. Egal! Ich danke mit M.s Worten: „Sie sind ein Prachtstück", und eile in den Eingangsbereich.

M. sitzt sehr klein in dem grauen Sessel. Natürlich banalisiere ich alles, beruhige sie, und dann, nach gefühlten Ewigkeiten, kommen die Sanitäter. Ich darf neben dem Fahrer sitzen. Rein komme ich ganz gut in diesen erhöhten Transporter, aber beim Aussteigen fällt mir M.s Tasche in die Pfütze und ich knicke mit dem linken Knöchel um und liege lang. M. merkt nichts und die Sanitäter auch nicht. Versuche zügig aufzustehen. Doch mit der Arthrose in beiden Knien kann ich mich nur aus dem Vierfüßerstand in die aufrechte Position bringen. Klappt, tut aber extrem weh. Nasse Hosenbeine. Zwei schwere Umhängetaschen baumeln an mir, M.s und meine. M.s reibe ich schnell an meinem schwarzen Anorak trocken. Nur keine zusätzliche Aufregung für M.

Ihren Stock benutze ich verstohlen. Hilft mir tatsächlich, in den Fahrstuhl zu kommen. Verdammt, habe vergessen, meine Tabletten zu nehmen. Gegen Bluthochdruck und Diabetes. Was soll's? Muss so gehen. Aufsteigende Übelkeit macht sich breit – wie so oft in diesen Tagen.

Der Orthopäde ist jung, braun gebrannt, hat eine drahtige Figur. M. beginnt sehr ausführlich und langsam ihre Unfall-Krankengeschichte zu erzählen. Dr. Krogel kürzt ab, stellt Fragen und lässt wenig Hoffnung fürs Schultergelenk. Ja, M. bekommt einen neuen Verband, weil sie die Schmuddeligkeit des alten nicht mehr ertragen kann.

Der Verband wird am übernächsten Tag geliefert. M. ruft mit sich fast überschlagender Stimme bei mir an. Ich brauche zehn Minuten, um sie zu beruhigen. Dann endlich sagt M. in verständlichen Worten: „Der Verband ist blau. Den nehme ich nicht!"

„Hat er denn nicht die richtige Länge oder Breite?", frage ich irritiert.

„Ach, du verstehst mich nicht. Wie immer verstehst du mich nicht. Er ist blau! Blau! Das ertrage ich nicht. Bitte lass ihn wieder abholen. Das Sanitätshaus soll mir einen weißen Verband bringen oder einen hautfarbenen. Das ginge eventuell auch. Aber beeil dich, ich will diesen falschen Verband nicht lange in meinem Zimmer haben."

Mein schwach gemurmeltes „Ja" versinkt in M.s wiederholten Forderungen. Ich lege auf. Ja, Blau ist M.s absolute Antifarbe, aber der Verband wird doch unter der Kleidung getragen ... Wie ich das nun wieder schaffen soll, weiß ich nicht. Ich habe Wäsche zu waschen, einzukaufen, dabei auch M.s kleine Wünsche zu erfüllen, Unterricht vorzubereiten und selbst auch etwas zu essen. Es offenbart sich blitzschnell mein ganzes Drama. Ich bin mit 67 Jahren ein altes Kind einer alten Mutter. Kinder sollten jünger sein, um ihren pflegebedürftigen Eltern zu helfen.

Jetzt wieder diese seltsamen Bauchschmerzen, die sich ringförmig um meinen Leib ziehen, bis zum linken Schultergelenk hinauf. Bösartig, sagt mein Gefühl, sie sind bösartig. Ich müsste zum Arzt. Wann aber um Himmels willen noch diesen Termin schaffen? Zwei Knäckebrote mit Butter und eine halbe Banane. Das Essen will wie in den vergangenen Tagen nicht rutschen. Der Stress, so beruhige ich mich. Klar, der ganze Stress mit M.

Das Sanitätshaus versteht nicht. „Der Verband ist blau, ja und? Er passt doch, und Ihre Mutter hat seine Annahme quittiert."

Ich stammele, bitte, bettele, erkläre, gebe alles. Spüre, dass mir der Schweiß ausbricht. Endlich! Der Verband wird getauscht. In der Hamburger Hauptstelle würden noch ein paar alte weiße Verbände lagern. Heutzutage sind alle blau.

Ich fahre heute nicht zu M. Morgen auch nicht. Aber sagen muss ich es ihr noch: „Der neue Verband ist weiß, rein weiß."

2011